Nina Lutz

Linguistische Textanalyse eines Auszuges aus dem Tagebuch von Joseph Goebbels

Eine linguistische Analyse

GRIN Verlag

Bibliografische Information der Deutschen Nationalbibliothek:

Die Deutsche Bibliothek verzeichnet diese Publikation in der Deutschen National-
bibliografie; detaillierte bibliografische Daten sind im Internet über http://dnb.d-
nb.de/ abrufbar.

Impressum:

Copyright © 2012 GRIN Verlag, Open Publishing GmbH
Druck und Bindung: Books on Demand GmbH, Norderstedt Germany
ISBN: 978-3-656-17884-2

Dieses Buch bei GRIN:

http://www.grin.com/de/e-book/192668/linguistische-textanalyse-eines-auszuges-
aus-dem-tagebuch-von-joseph-goebbels

Inhaltsverzeichnis

Einleitung

„In steiler und enger, schwer lesbarer Schrift füllte Joseph Goebbels zwischen dem 1. Oktober 1923 und dem 8. Juli 1941 mindestens 22 Kladden, jeweils mehrere hundert Seiten stark. Insgesamt waren das ursprünglich, wie sich recht gut abschätzen läßt, knapp 5000 Eintragungen auf etwa 6000-7000 engbeschriebenen Seiten. Rund ein Drittel davon, 3545 Eintragungen auf 4494 Seiten, sind erhalten geblieben bzw. bisher entdeckt worden. [...]" [1]

Die Dokumente wurden in langwieriger Entzifferungsarbeit transkribiert und im Auftrag des Institutes für Zeitgeschichte verlegt. Dr. Elke Fröhlich ist wissenschaftliche Mitarbeitern des IFZ und Leiterin des Editionsprojektes „Die Tagebücher von Joseph Goebbels", und sie gab 1998 ff. die Edition in 10 Bänden und 14 Teilbänden heraus. Weitere Bestandteile der Veröffentlichung sind maschinenschriftliche Tagebücher Goebbels von Juli 1941 bis April 1945.

Die vorliegende Ausarbeitung ist die linguistische Textanalyse eines Auszuges von Joseph Goebbels Tagebucheintrag vom 8. November 1932, es wurde mit Hilfe des textsemantischen Analyserasters TEXSEM gearbeitet. Die zur Verfügung stehende Quelle stammt aus der Quellensammlung von Heinz Hürten[2], und liegt nicht in handschriftlicher Originalform vor. Durch Kontaktaufnahme mit dem Institut für Zeitgeschichte habe ich in Erfahrung gebracht, dass die Goebbels-Tagebücher dort auf Mikrofilmen vorliegen, und dass man das Material nur direkt im Institut in München einsehen kann. Der entsprechende E-Mailverkehr liegt im Anhang bei.

Die Analyse umfasst im ersten Schritt den kommunikativ-pragmatischen Rahmen des Textes. Hierzu werden der Textproduzent, das Medium sowie die Ausgangssituation und der Wirkungsbereich des Tagebucheintrages beleuchtet. Anschließend wende ich mich der textuellen Makrostruktur des Schriftstückes zu, Textsorte und Binnenstruktur werden untersucht. Daran anschließend wird die textuelle Mikrostruktur analysiert. Den Abschluss bildet ein Resümee, um ein zusammenfassendes Ergebnis erzielen zu können.

1 Der kommunikativ-pragmatische Rahmen

Joseph Goebbels ist 48 Jahre alt, als er sich am 01. Mai 1945 in Berlin wegen der deutschen Kriegsniederlage mit Zyankali das Leben nimmt.
Er ist unter anderem Reichsminister für Volksaufklärung und Propaganda (1933-1945), Generalbevollmächtigter für den totalen Kriegseinsatz (1944/45) sowie Reichskanzler (1945), und somit einer der einflussreichsten und bekanntesten Politiker in der Zeit des Nationalsozialismus.

---

[1] Fröhlich, Elke: Joseph Goebbels und sein Tagebuch. Zu den handschriftlichen Aufzeichnungen von 1924-1941. In: Vierteljahreshefte für Zeitgeschichte. 35. Jahrgang. München 1987. S. 489-522. Hier S. 489.

[2] Hürten, Heinz: Deutsche Geschichte in Quellen und Darstellungen. Weimarer Republik und Drittes Reich 1918-1945. Band 9. Reclam. Stuttgart 1995. S. 138.

Durch eine Knochenmarkentzündung, an der er im Alter von vier Jahren erkrankt, leidet er unter einer Gehbehinderung. Dadurch wird der Gymnasiast oft verspottet und entwickelt sich zu einem hasserfüllten Außenseiter.

Goebbels studiert Germanistik und Geschichte in Bonn, München, Würzburg, Heidelberg und Freiburg. Trotz seines erworbenen Doktorates finden seine literarischen Versuche bei Verlagen und Zeitungen keine Abnehmer. Zu dieser Zeit steckt er in einer tiefen Krise, und schlussendlich glaubt er seinen Sinn des Lebens in der nationalsozialistischen Bewegung gefunden zu haben. Goebbels wird zum begeisterten Anhänger Adolf Hitlers und passt sich künftig jeder Meinungsänderung seines Vorbilds an.[3]

Er schreibt sein Tagebuch von 1923 bis 1945, und innerhalb der Kategorie subjektiver Zeugnisse aus dem Kreis der nationalsozialistischen Führung stellt dies mit Abstand die wohl bedeutungsvollste Quelle dar.[4]

In erster Linie schreibt Goebbels das Tagebuch für sich selbst. Er spricht ihm einen fast religiösen Gehalt zu, denn für ihn ist es eine Art „Beichtstuhlersatz", er nennt es sein „liebes Buch" und „Gewissensarzt". Im Normalfall ist ein Tagebuch nicht an einen bestimmten Adressaten gerichtet, doch es gibt eine Reihe von Goebbels-Aussagen, die im Tagebuch selbst oder von Zeugen festgehalten worden sind, in denen klar wird dass er bei Zusammenbruch des Regimes Vorkehrungen getroffen hat, um seine Tagebücher über den eigenen Tod hinaus der Nachwelt zu erhalten.[5] Am 30. März 1941 berichtet er in seinen Aufzeichnungen, er habe

zwanzig umfangreiche Bände zur Sicherheit in die unterirdischen Tresore der Reichsbank bringen lassen, und als Begründung schreibt er:

„Sie sind doch zu wertvoll, als daß sie einem evtl. Bombenangriffe zum Opfer fallen dürften. Sie schildern mein ganzes Leben und unsere Zeit. Läßt das Schicksal mir dafür ein paar Jahre Zeit, dann will ich sie für spätere Generationen überarbeiten. Sie werden draußen wohl einiges Interesse finden." [6]

Somit hat Joseph Goebbels als antizipierten Leser jeden Menschen ins Auge gefasst, der jemals Zugang zu seinen Tagebüchern bekommen kann und wird, und der sich für diesen Abschnitt der Deutschen Geschichte interessiert.

Goebbels hat die Tagebücher von 1923 bis 1941 handschriftlich, von 1941 bis 1945 maschinenschriftlich auf DIN A5-Papier verfasst.[7] Der Eintrag vom 8. November 1932, welcher in dieser Hausarbeit analysiert wird, ist also im Original handschriftlich verfasst worden. Für diese Ausarbeitung liegt der Eintrag allerdings aus der Quellensammlung von Heinz Hürten vor.[8]

---

[3] Vgl. Wunderlich, Dieter: Göring und Goebbels. Eine Doppelbiografie. Verlag Friedrich Pustet. Regensburg 2002. S. 16 – 27.

[4] Vgl. Fröhlich, Elke. S. 490.

[5] Vgl. Fröhlich, Elke. S. 494.
[6] Vgl. Fröhlich, Elke. S. 496.
[7] Vgl. Ebd. S. 489.
[8] Hürten, Heinz: Deutsche Geschichte in Quellen und Darstellungen. Weimarer Republik und Drittes Reich

In dem vorliegenden Auszug vom 8. November 1932 bezieht sich Joseph Goebbels auf die innere Lage der NSDAP im November 1932.

Am 16. Juni 1932 hatte Paul von Hindenburg das unter Brüning verhängte Verbot der SA und SS aufgehoben, und nach einer schweren parlamentarischen Niederlage der Regierung unter Franz von Papen löste Hindenburg den Reichstag auf. Somit kam es zu einer neuen Reichstagswahl am 6. November 1932, bei der die Nationalsozialistische Deutsche Arbeiterpartei (NSDAP) allerdings rund 2 Millionen Stimmen verlor. Außerdem verschreckte die Partei einen Teil ihrer Sympathisanten dadurch, dass sie die Berliner Verkehrsbetriebe zusammen mit den Kommunisten bestreikte. Der Reichsorganisationsleiter Gregor Strasser versuchte mit der Parole ›Die Sozialisten verlassen die Partei‹ die Abgeordneten zum Austritt aus der Partei und für die neue Regierung Schleicher zu gewinnen.[9]

2 Die textuelle Makrostruktur

Der vorliegende Tagebucheintrag ist ein Gebrauchstext. Er ist ein Erfahrungsbericht, also sozusagen ein selbstdarstellender Text, und er hat somit eine nichtnormative Funktion. Goebbels schreibt hier aus politischer Sicht, denn er bezieht sich auf die Bestreikung der Berliner Verkehrsbetriebe (Z. 1) und darauf, dass die Kommunistische Partei Deutschlands der Nationalsozialistischen Deutschen Arbeiterpartei in den Rücken gefallen ist (Z. 2-3) Desweiteren berichtet er von Adolf Hitlers Zorn gegen Gregor Strasser (Z. 12-22).

Es ist ein Prosabericht mit monologischem Charakter, in dem Goebbels seine Erfahrungen des Tages in chronologischer Reihenfolge schildert. Allerdings schreibt er nicht, wie es in Tagebucheinträgen meistens der Fall ist, in der 1. Person Singular, sondern größtenteils in der 1. Person Plural, denn er berichtet überwiegend in der Wir-Form.

Die Überschrift des Textes lautet „8. November 1932" und steht rechtsbündig über dem Text. Der Eintrag an sich besteht insgesamt aus 25 Zeilen, diese sind in 4 Absätze unterteilt. Anfangs stehen zwei kurze Absätze mit 5 bzw. 6 Zeilen, dann folgt ein größerer Absatz mit 11 Zeilen, abschließend folgt wieder ein kurzer Absatz von 3 Zeilen. Die Kürze des Textes erscheint stimmig, da in der genutzten Textsorte „Tagebuch" kurze Einträge meistens die Regel sind.

Der Eintrag der zur Analyse vorliegt ist aus einem größeren Kontext herausgerissen, denn Goebbels Aufzeichnungen umfassen insgesamt rund 6000-7000 Seiten.

Goebbels schildert einen für ihn normalen Tagesablauf, aber man kann an den Texteilen die Gliederung „Einleitung-Hauptteil-Schluss" erkennen. Anfänglich berichtet er von der Bestreikung der Berliner Verkehrsbetriebe und dem Konflikt mit der KPD (Z. 1-11) – was zwei kurze Absätze darstellt – und anschließend kommt er zu einem Gespräch, welches er mit dem Führer Adolf Hitler allein führt (Z. 12-22) – und was den längeren Absatz darstellt. Abschließend berichtet Goebbels knapp von Hitlers Zukunftsvorstellungen (Z. 23-25) – der letzte kurze Absatz dieses Tagebucheintrages.

Laut Brinker beeinflussen situative Faktoren die wesentliche Ausprägung der Textstruktur, und somit müssen sich Textsorten auf Typen von Kommunikationssituationen beziehen.

1918-1945. Band 9. Reclam. Stuttgart 1995. S. 138.
[9] Vgl. Hürten, Heinz. S. 137.

Die Kommunikationsform wird entscheidend durch das Medium bestimmt, das zur Übermittlung von Texten eingesetzt wird. Die spezifischen Gegebenheiten von denen Brinker bei dem Medium „Schrift" spricht sind hier gegeben:

• **Kommunikationsrichtung** → monologisch
• **Kontakt in zeitlicher und räumlicher Hinsicht** → zeitlich und räumlich getrennt
• **gesprochene Sprache** → geschrieben

Die Themenentfaltung ist deskriptiv. Der Eintrag ist informierend. Goebbels berichtet wie er den 8. November 1932 erlebt hat, und sein Textaufbau orientiert sich am zeitlichen Ablauf des berichteten Geschehens. Hier ist allerdings zur Informationsfunktion zu sagen, dass diese sich mit einer „evaluativen" Einstellung[10] verbindet. Goebbels schildert dem Rezipienten den Sachverhalt auf so wertende Art, dass er dadurch den Eindruck vermittelt sich komplett der Meinung Hitlers anzuschließen. Er berichtet in der 1. Person Plural und sieht sich als wichtige Persönlichkeit in Hitlers Umfeld, den er für sein Handeln zu verehren scheint. Besonders deutlich wird dies in den Zeilen 8-9: *„Und wenn sie uns noch einen Wahlkampf aufzwingen, wir würden ihn mit zusammengebissenen Zähnen durchführen.",* sowie in den Zeilen 24-25: *„Er entwickelt seine Zukunftspläne mit einer so plastischen Klarheit, als besäßen wir schon die Macht.".*

3 Die textuelle Mikrostruktur

Bei der Textsorte „Tagebuch" wird die Darstellungsart und damit auch der Sprachstil oft von der Stimmungslage des Emittenten beeinflusst.
Was besonders auffällt, sind Eigenschaften der Morphologie, wie z.B. die Dominanz bestimmter Verbformen im Präsens; Pro-Formen der 1. Person bzw. ihre grammatische Transformation, pronominale Funktionen vieler Adverbien oder Ausklammerungen von Satzgliedern in der Wortstellung wie bei der gesprochenen Sprache. In der Lexik ist bei Tagebüchern wenig hervorzuheben, abgesehen von der Bedeutung von Wortfeldern wie Zahlwörtern, Wochen- und Monatsnamen.[11]
Joseph Goebbels drückt sich im vorliegenden Auszug standardsprachlich aus. Er wurde 1897 in der Stadt Rheydt in Nordrhein-Westfalen geboren, doch in seine Aufzeichnungen fließt

kein bemerkenswerter Dialekt ein. Sein Stil zeichnet sich eher durch Schlichtheit aus. Er verzichtet auf Metaphernreichtum, Neologismen, Alliterationen etc., und bedient sich lieber „gebräuchlicher Phrasen" wie *„standen wir allein auf weiter Flur"* (Z. 3) oder *[...], koste es, was es wolle."* (Z. 10). Es ist charakteristisch für seine Tagebucheinträge, dass kaum Steigerungsmittel vorhanden sind. Auch sind

---

[10] Vgl. Brinker, Klaus: Linguistische Textanalyse. Eine Einführung in Grundbegriffe und Methoden. 7. durchgesehene Auflage. Erich Schmidt Verlag. Berlin 2010. S. 99-100.
[11] Vgl. Prof. em. Dr. Wellmann, Hans: Die Textart Tagebuch – Und die Frage nach ihrer Stilistik. S. 4. Online unter: www.hans-wellmann.de/medien/wellmann_textart_tagebuch.pdf [eingesehen am 15. März 2012]

im vorliegenden Auszug keine Wortbildungen zu finden, mit einer Ausnahme in Zeile 21-22, als er Strasser als ein *„Chamäleon des Nationalsozialismus"* bezeichnet.

Allerdings verwendet Goebbels viele deiktische Ausdrücke. Eine Fülle von Personalpronomen unterstreicht die Personaldeixis. Laut Peter Ernst stellen Personalpronomina eine besondere Art von Referenz her. Sie sind vom Kontext und von der Situation des Gebrauchs abhängig und „zeigen" auf bestimmte Personen, Sachverhalte etc. in Bezug auf etwas, das meist der Sender selbst ist.[12] Auch Anredeformen (der Führer, die KPD etc.) als Kennzeichen der Sozialdeixis sind gegeben. Untypisch für einen Tagebucheintrag ist allerdings, dass die Temporaldeixis fast nicht vorhanden ist, findet man in Zeile 23 nur einmal das Wort „Abends".

Wie in anderen Tagebüchern auch werden hier durch Verben Gefühle und Emotionen ausgedrückt, Prädikativkonstruktionen lassen den Text emphatisch erscheinen und mit den Adjektiven werden Wertungen festgehalten.

Die Sätze sind durch ein einheitliches Thema verbunden, der Text ist also in sich kohärent. Zu den grammatischen Bedingungen der Textkohärenz ist Folgendes zu sagen:

Die explizite Wiederaufnahme besteht in der Referenzidentität (Bezeichnungsgleichheit) bestimmter sprachlicher Ausdrücke in aufeinander folgenden Sätzen eines Textes. Der wieder aufgenommene Ausdruck und der wieder aufnehmende Ausdruck beziehen sich also auf das gleiche außersprachliche Objekt. Solche außersprachlichen Objekte können Gegenstände, Personen, Ereignisse, Sachverhalte, Handlungen etc. sein.[13]

In Goebbels Tagebucheintrag liegt sowohl die Wiederaufnahme durch Pronomen wie auch durch andere Substantive vor. In Zeile 6 erfolgt die Wiederaufnahme durch „er", also ein Personalpronomen der 3. Person, welches sich auf das Subjekt „der Führer" bezieht: *„Lange Beratung mit dem Führer. Er ist ganz auf wilden Kampf eingestellt; von Versöhnung will er nichts wissen."* „Die textlinguistische Forschung spricht hier von „Rückwärtsverweisung"

und nennt die Pro-Formen, die im Text vorangegangene sprachliche Einheiten wieder aufnehmen, anaphorische (zurückweisende) Pro-Formen."[14] Dieselben Rückwärtsverweisungen liegen in den Zeilen 12-14 und 23-25 vor.

In den Zeilen 20-22 liegt eine Wiederaufnahme des Bezugsausdrucks durch andere Substantive vor. Goebbels bezieht sich rückwirkend auf Strasser (Z. 13) und beschreibt ihn nun als *„Eine schillernde Vielheit der verschiedensten Wesenheiten. Ein Chamäleon des Nationalsozialismus."* Zwischen den Wörtern Strasser, Wesenheiten und Chamäleon bestehen aber keine auffallenden Bedeutungsbeziehungen, die referenzidentische Verknüpfung dieser Wörter wird hier erst in diesem Text und durch diesen Textverlauf aufgebaut. Dass man als Leser diese verschiedenen Ausdrücke auf die Person Strasser bezieht wird dadurch erreicht, dass andere Möglichkeiten der Bezugnahme nicht vorhanden sind, und der Kontext darüber hinaus eine unterstützende Funktion übernimmt.[15]

---

[12] Vgl. Ernst, Peter: Germanistische Sprachwissenschaft. UTB. Wien 2004. S. 237.

[13] Vgl. Brinker, Klaus. S. 26.

[14] Brinker, Klaus. S. 31.

[15] Vgl. Brinker, Klaus. S. 29.

Paraphrasen werden von Goebbels nicht genutzt. Er schreibt im parataktischen Stil, die – zumeist knappen – Sätze sind durch koordinierte Konjunktionen verbunden, bzw. durch Punkt oder Semikolon voneinander getrennt.

Die argumentative Themenentfaltung dieses Eintrages vom 8. November 1932 ist deutlich. In Orientierung an das Argumentationsmodell des englischen Philosophen St. Toulmin kann man es folgendermaßen aufzeigen:

These
Die KPD ist der NSDAP in den Rücken gefallen (Z. 2-5), und Strasser sowie seinen Leuten wird der Großteil der Schuld an der Niederlage der NSDAP gegeben (Z. 13-19).

Argument
Hitler ist sauer auf Strassers Sabotagearbeit (Z. 12-15), und Goebbels glaubt ebenfalls das eine Niederlage der NSDAP für Strasser nicht unwillkommen ist, damit er den Schein wahren kann (Z. 15-20).

Schlussregel
Diese Regierung muss weg, koste es, was es wolle (Z. 10).

Goebbels Argumentation beruht also auf seiner Auffassung vom Wesen der Regierung, sowie auf den Einfluss Adolf Hitlers, dessen Meinung er sich, wie immer, anpasst.[16]

4 Resümee

Heutzutage wird alles Mögliche „Tagebuch" genannt: Zitatsammlungen, Notizen, Glossen in der Tageszeitung, Internetblogs usw.[17] Doch was genau macht denn nun ein privates Tagebuch aus? Es sind Informationen aus erster Hand, fortlaufende und aktuelle Aufzeichnungen. Diese Aufzeichnungseinheiten sind chronologisch, die Einträge umfassen meistens einen kompletten Tag, manchmal aber auch nur bestimmte Vorkommnisse. Persönliche Ereignisse werden festgehalten, und mit Emotionen wird darauf eingegangen. Gefühlsbewegungen wie Freude, Ängste oder Trauer unterstreichen den privaten Charakter solcher Notizen, und so etwas wird eben als Privatsache empfunden.

Die Stimmungslage macht die Darstellungsart aus, und so entwickelt sich der Stil eines Tagebuchs. Aus den Autorengedanken entwickeln sich Kürzungen, Gedankensprünge, Lücken etc., man spricht hier ja schließlich mit sich selbst. Tagebücher haben nichts Appellatives, man schreibt sie für sich selbst und nicht für andere.

Wie allerdings in Punkt 1 erläutert, hat Joseph Goebbels bereits zu Lebzeiten beschlossen seine Aufzeichnungen für die Nachwelt zu erhalten. Die Vorkehrungen, die er dafür getroffen hat, bestätigen hier die eigene Wertschätzung seiner Tagebücher.[18]

---

[16] Vgl. Brinker, Klaus. S. 69 – 77.

[17] Vgl. Prof. em. Dr. Wellmann, Hans: Die Textart Tagebuch – Und die Frage nach ihrer Stilistik. S. 1. Online unter:
www.hans-wellmann.de/medien/wellmann_textart_tagebuch.pdf [eingesehen am 15. März 2012]

[18] Vgl. Fröhlich, Elke. S. 494.

„Seine Tagebuchnotizen über Ereignisse und Begegnungen, Aktivitäten, Personen und Stimmungen sind fast immer geprägt von Emphase, hitziger Aggressivität und Utopie, fast nirgends Resultat und Ausdruck gelassenen, ruhigen Nachdenkens. Aber gerade deshalb: Hier blickt man einem Mann über die Schulter, der von Anfang an die Geschichte des Nationalsozialismus an führender Stelle mitbestimmte."[19]

Auch wenn Goebbels z.B. den Einsatz von rhetorischen Stilmitteln nicht zur Untermauerung seiner Aufzeichnungen nutzte, sind diese dadurch nicht negativ beeinflusst. Seine einfließen-

den Emotionen unterstreichen klar den Charakter seiner Notizen, und man erkennt ihn in diesen wieder.

Zusammenfassend ist zu sagen, dass die Tagebücher Goebbels den Fortgang des nationalsozialistischen Machtaufstiegs begleiten, und sie enthalten durch die Auswahl der Erfahrungen und seiner Art des Schreibens wertvolle Aussagen über die NS-Zeit. Die Auswirkungen auf den Leser hängen hier – wie in jedem Fall – auch immer von der Einstellung des Rezipienten ab.

„Abschließend lässt sich Folgendes feststellen: Tagebücher sind eine Reihe von subjektiven Momentaufnahmen, die man auch als „Augenblicksfotografien" bezeichnen könnte. Es sind Ausschnitte und Bruchstücke aus einer Fülle von Erlebtem und haben demnach fragmentarischen Charakter. Aufgrund dieser Merkmale können sie für die Rekonstruktion einzelner Kriegsereignisse und Fakten nur bedingt herangezogen werden. Allerdings erweisen sie sich bei der Beantwortung alltagsgeschichtlicher Fragen und besonders in der Wahrnehmungsgeschichte als aussagekräftige Quellen.[20]

---

[19] Fröhlich, Elke. S. 490.

[20] Nieden, Susanne: „Ach ich möchte […] eine tapfere deutsche Frau werden." Tagebücher als Quelle zur Erforschung des Nationalsozialismus. In: Berliner Geschichts-Werkstatt. Alltagskultur, Subjektivität und Geschichte. Zur Theorie und Praxis von Alltagsgeschichten. Münster 1994. S. 174 – 186. Hier S. 176.

8. November 1932

1 Wir haben den BVG.-Streik abgebrochen. Wir konnten
   nicht mehr gewinnen. Auch die KPD. war uns in den Rük-
   ken gefallen, und so standen wir allein auf weiter Flur und
   riskierten nur noch, daß sämtliche Arbeiter aus der NSDAP.
5 brot- und erwerbslos wurden. […]
   Lange Beratung mit dem Führer. Er ist ganz auf wilden
   Kampf eingestellt; von Versöhnung will er nichts wissen.
   Und wenn sie uns noch einen Wahlkampf aufzwingen, wir
   würden ihn mit zusammengebissenen Zähnen durchführen.
10 Diese Regierung muß weg, koste es, was es wolle. An Kom-
   promisse dürfen wir gar nicht denken. […]
   Als ich mit dem Führer allein bin, spricht er seinen ganzen
   Groll über Straßer und seine ewige Minier- und Sabotagearbeit aus. Ein großer Teil unserer Niederlage ist dem unfai-
15 ren Verhalten seiner Clique zuzuschreiben. Ich glaube auch,
   daß diese Niederlage ihm gar nicht unwillkommen ist; damit hat er wenigstens zum Schein recht behalten und kann
   nun wieder vor die Partei hintreten und uns den radikalen Kurs vorwerfen. Außerdem sich natürlich auch nach Be-
20 darf wieder als Radikalen aufspielen. Eine schillernde Vielheit der verschiedensten Wesenheiten. Ein Chamäleon des
   Nationalsozialismus. […]
   Abends sitzen wir mit dem Führer in seiner Wohnung zusammen. Er entwickelt seine Zukunftspläne mit einer so
25 plastischen Klarheit, als besäßen wir schon die Macht. […]

Quelle: Tagebuchaufzeichnungen von Joseph Goebbels über die innere Lage der NSDAP im November und Dezember 1932. In: Heinz Hürten (Hg.), Weimarer Republik und Drittes Reich 1918-1945. (Deutsche Geschichte in Quellen und Darstellungen, Bd. 9), Stuttgart 1995. S. 138.

Bibliographie

Quelle

Hürten, Heinz: Deutsche Geschichte in Quellen und Darstellungen. Weimarer Republik und Drittes Reich. 1918 – 1945. Band 9. Reclam. Stuttgart 1995. S. 138.

Sekundärliteratur

Brinker, Klaus: Linguistische Textanalyse. Eine Einführung in Grundbegriffe und Methoden. 7. durchgesehene Auflage. Erich Schmidt Verlag. Berlin 2010.

Ernst, Peter: Germanistische Sprachwissenschaften. VTB. Wien 2004.

Wunderlich, Dieter: Göring und Goebbels. Eine Doppelbiographie. Verlag Friedrich Pustet. Regensburg 2002.

Aufsätze in Fachzeitschriften

Fröhlich, Elke: Joseph Goebbels und sein Tagebuch. Zu den handschriftlichen Aufzeichnungen von 1924 – 1941. In: Vierteljahreshefte für Zeitgeschichte. 35. Jahrgang. München 1987.

Nieden, Susanne: „Ach ich möchte [...] eine tapfere deutsche Frau werden." Tagebuch als Quelle zur Erforschung des Nationalsozialismus. In: Berliner Geschichts-Werkstatt. Alltagskultur, Subjektivität und Geschichte. Zur Theorie und Praxis von Alltagsgeschichten. Münster 1994.

Online-Quellen

Prof. em. Dr. Wellmann, Hans: Die Textart Tagebuch – Und die Frage nach ihrer Stilistik. S. 4. Online unter:

www.hans-wellmann.de/medien/wellmann_textart_tagebuch.pdf

[eingesehen am 15. März 2012]